Ralf Kubernus

Darstellung, Erläuterung und Bewertung ausgewählter Besc
Geschäftsprozessen anhand eines fiktiven Beispiels

Ralf Kubernus

Darstellung, Erläuterung und Bewertung ausgewählter Beschreibungsformen von Geschäftsprozessen anhand eines fiktiven Beispiels

GRIN Verlag

Bibliografische Information der Deutschen Nationalbibliothek: Die Deutsche Bibliothek verzeichnet diese Publikation in der Deutschen Nationalbibliografie; detaillierte bibliografische Daten sind im Internet über http://dnb.d-nb.de/ abrufbar.

1. Auflage 2011
Copyright © 2011 GRIN Verlag GmbH
http://www.grin.com
Druck und Bindung: Books on Demand GmbH, Norderstedt Germany
ISBN 978-3-656-10040-9

Hamburger Fern-Hochschule

Studiengang Betriebswirtschaft

Nürnberg

Modul Wirtschaftsinformatik (2. Schwerpunkt)

Hausarbeit zum Thema

Darstellung, Erläuterung und Bewertung
ausgewählter Beschreibungsformen von Geschäftsprozessen
anhand eines fiktiven Beispiels

Herbstsemester 2011

von

Ralf Kubernus

12.11.2011

Inhaltsverzeichnis

Abkürzungsverzeichnis

ARIS	Architektur integrierter Informationssysteme
eEPK	erweiterte ereignisgesteuerte Prozessketten
EPK	ereignisgesteuerte Prozessketten
PAP	Programmablaufpläne
PASS	Parallel Activities Specification Scheme
S-BPM	Subject-oriented business process management
SID	Subjektinteraktionsdiagramm
SVD	Subjektverhaltensdiagramm
UML	Unified Modeling Language

Abbildungsverzeichnis

Tabellenverzeichnis

1 Problemstellung

Die Effizienz und Flexibilität von Geschäftsprozessen spielen eine immer größere Rolle für den Erfolg einer wirtschaftlichen Unternehmung. Deshalb steht das Ziel von optimalen und systematischen Geschäftsprozessen bei den meisten Unternehmen immer stärker im Fokus. Davon versprechen sie sich Kostenreduzierungen, bessere Ressourcennutzung und eine Verbesserung der Qualität ihres Produktes oder ihrer Dienstleistung. Aufgrund der übersichtlicheren Organisation der Abläufe wird auch die Geschäftsführung erleichtert (vgl. Fischer et al. 2006: V).

Aber wie können Potentiale gefunden werden, um dem optimalen Geschäftsprozess näher zu kommen? - Eine wichtige Voraussetzung für diese Suche ist sicherlich die Verwendung einer geeigneten Prozessbeschreibungsform, ohne die eine „… *systematische* Wahrnehmung …" (Staud 2006: 2) der Unternehmensrealität nicht möglich wäre.

Laut der diesjährigen Juni-Ausgabe des Magazins E-3 wurde mit dem subjektorientierten Geschäftsprozessmanagement ein Paradigmenwechsel eingeläutet. So seien der subjektorientierte Ansatz und die damit verbundene Beschreibungsform der zwischenmenschlichen Verständigung ähnlicher. Außerdem ließe sich auf Basis dieser Prozessbeschreibung mit wenig Aufwand eine entsprechende Software erstellen. Ein Nachweis über die mathematische Richtigkeit des entsprechenden Geschäftsprozesses könne ebenfalls erbracht werden (vgl. Färbinger 2011: 3).

Aber ist diese subjektorientierte Sichtweise für alle Geschäftsprozesse geeignet? Oder ist es eher wichtig, entsprechend dem jeweiligen Geschäftsprozess die zweckmäßigste Beschreibungsform auszuwählen? Und wenn ja, welche unterschiedlichen Prozessbeschreibungen stehen hierfür zur Auswahl? Was sind deren Stärken und Schwächen?

Auf diese Fragen gibt die vorliegende Hausarbeit mögliche Antworten. Sie stellt ausgewählte Beschreibungsformen anhand eines fiktiven Beispiels dar und erläutert sie. Darauf aufbauend erfolgt eine Bewertung mithilfe von zentralen Kriterien.

Das Ziel dieser Hausarbeit besteht in der Erarbeitung einer Entscheidungsgrundlage für die Wahl einer geeigneten Variante zur Geschäftsprozessbeschreibung.

2   Wesentliche Begrifflichkeiten

Die grundlegenden Begriffe, welche im Verlauf dieser Arbeit ihre Verwendung finden, werden zuerst kurz definiert.

2.1   Geschäftsprozess

Die Fachliteratur hält eine breite Vielfalt an Beschreibungsansätzen für den Begriff Geschäftsprozess bereit. „Oft wird in der Literatur zwischen ‚Prozeß' [!] und ‚Geschäftsprozeß' [!] nicht genau unterschieden …" (Vossen, Becker 1996: 18). Auch die Bezeichnung Unternehmensprozess wird dabei häufig synonym benutzt.

Hammer und Champy sehen ihn „… als Bündel von Aktivitäten, für das ein oder mehrere unterschiedliche Inputs benötigt werden und das für den Kunden ein Ergebnis von Wert erzeugt" (Hammer, Champy 1998: 56). Der Prozesskunde „… kann sich auch innerhalb eines Unternehmens befinden …" (Hammer, Champy 1998: 62).

Diese Hausarbeit orientiert sich an folgender Begriffsbestimmung: „Ein Prozess beschreibt einen betrieblichen Ablauf, das heißt den Fluss und das Bewegen von Material und Informationen unter Anwendung von Operationen und Entscheidungen. Er beschreibt Reihenfolgen von funktionsübergreifenden Aktivitäten mit Anfang und Ende sowie klar definierten Eingaben und Ausgaben. Aus Sicht des Unternehmens soll er einen Mehrwert schaffen" (Fischer et al. 2006: 5).

2.2   Statische und dynamische Prozesse

Wenn es um Geschäftsprozesse geht, ist die Unterscheidung „… zwischen der *statischen* Prozessdefinition (Prozessbeschreibung) und der *dynamischen* Ausprägung eines Prozesses (Prozessinstanz)" (Fischer et al. 2006: 8) wichtig. Wird demnach von einer tatsächlichen Bearbeitung eines Vorgangs gemäß der jeweiligen Prozessbeschreibung gesprochen, wird dieser als Prozessinstanz bezeichnet.

Die Darstellung, Erläuterung und Bewertung unterschiedlicher Beschreibungsformen erfolgt in den folgenden Kapiteln.

3 Ausgewählte Beschreibungsformen

„Eine der wichtigsten Herausforderungen bei der Beschreibung von Geschäftsprozessen ist es, betriebliche Abläufe für alle Beteiligten nachvollziehbar und
transparent zu machen" (Fischer et al. 2006: 63).

Nur wenn der Mensch - der bei der Prozessbearbeitung die zentrale Rolle spielt –
die Beschreibungen gut versteht, ist bei der Einführung und Veränderung von
Prozessen ein Erfolg möglich, speziell bei schwer überschaubaren und hoch au-
tomatischen betrieblichen Abläufen (vgl. Fischer et al. 2006: 63).

„Die Beschreibung von Geschäftsprozessen erfolgt in Form der Modellierung,
d. h. es werden geeignete Modelle für Geschäftsprozesse gebildet. Hierbei ist es
wichtig, zwischen Geschäftsprozessen und ihren Exemplaren zu unterscheiden.
Das Modell muss den Prozess beschreiben, nicht eine seiner zahlreichen Ausprä-
gungen" (Mielke 2002: 18).

Aufgrund der Ähnlichkeit des Modells zur Realität, können daraus Schlussfolge-
rungen abgeleitet werden. Somit sind Modelle als Hilfsmittel zu sehen, um die
Realität darzulegen und zu designen. Der tiefere Sinn eines Modells besteht in der
Reduzierung der Komplexität von realen Gegebenheiten. Infolgedessen kann der
Anwender mit diesem vereinfachten Abbild leichter umgehen und es besser für
seine Zwecke einsetzen, d. h. solche Aspekte, die für den Anwender nicht hilf-
reich sind, werden im Modell nicht beachtet (vgl. Vossen, Becker 1996: 19).

Eine Auswahl an Prozessbeschreibungsformen, die in der betrieblichen Praxis
Verwendung finden, werden im Fortgang dieser Arbeit vorgestellt. Zum besseren
Verständnis wird - neben der theoretischen Ausführung - der definierte Beispiel-
prozess in der jeweiligen Beschreibungsform auszugsweise erstellt und erläutert.
Existieren bei einer Beschreibungsform mehrere Arten, wird unter ihnen ein be-
deutsamer repräsentativer Vertreter ausgesucht.

Um für das nachfolgende Kapitel eine solide Bewertungsgrundlage zu schaffen,
wird durchgängig der gleiche Prozess verwendet. Und zwar ist das Fallbeispiel
aus dem Kontext eines gewerblich geführten Kinos entnommen. Es wird folgen-

der Teilprozess betrachtet: „Ein Kunde möchte für eine ausgewählte Filmvorstellung telefonisch Plätze reservieren."

3.1 Textuell-informell

„Textuell-informelle Prozessbeschreibungen werden in der betrieblichen Praxis
häufig genutzt. Stellenbeschreibungen, Arbeitsanweisungen und Dokumentatio-
nen für die Anpassung und Änderung von Geschäftsprozessen liegen oft in dieser
Form vor" (Fischer et al. 2006: 64).

Laut Mielke ist diese Art der Beschreibung „... als Freitext ..." (Mielke 2002: 17)
zu verstehen. Bei der „.. Beschreibung von Geschäftsprozessen ... durch einfache
Sprache kann man alle Elemente und Verbindungen beschreiben ..." (Mielke
2002: 55).

Eine textuell-informelle Ausgestaltung des Fallbeispiels könnte folgendermaßen
aussehen (siehe Abbildung 1).

**Reservierung von Kinoplätzen für Kunden (telefonisch)
durch die Ticket-Hotline**

1. Die Ticket-Hotline nimmt den Anruf des Kunden entgegen.
2. Nachdem der Kunde den gewünschten Film genannt hat, prüft die Ticket-Hotline vorhandene freie Plätze.
3. Der Kunde wird anschließend über die freien Plätze von der Ticket-Hotline informiert.
4. Sind keine freien Plätze vorhanden, wird der Reservierungswunsch des Kunden abgelehnt
   und der Anruf von der Ticket-Hotline beendet.
5. Sollten freie Plätze verfügbar sein, werden von der Ticket-Hotline die Kundendaten aufgenommen.

usw.

Abbildung 1: Beispiel einer textuell-informellen Prozessbeschreibung (Arbeitsanweisung)

Häufig sind textuelle Beschreibungen die Grundlage für grafische Modelle (vgl.
Stanierowski 2007a: 57).

3.2 Flussorientiert

Ebenfalls zahlreich werden flussorientierte Beschreibungsformen in der Praxis genutzt. Als wichtige Vertreter sind **ereignisgesteuerte Prozessketten (EPK)**, **erweiterte ereignisgesteuerte Prozessketten (eEPK)** und **Programmablauf-pläne (PAP)** zu nennen. Aufgrund der hohen Relevanz bei Geschäftsprozessbe-schreibungen, werden stellvertretend für flussorientierte Beschreibungsformen die eEPK näher erläutert (vgl. Fischer et al. 2006: 69).

„Der Ansatz der ereignisgesteuerten Prozessketten (EPK) entstammt der Architek-tur integrierter Informationssysteme (ARIS). Die von Scheer entwickelte Notation verfolgt die Zielsetzung mit einer Referenzarchitektur einen strukturierten Ent-wurfs- und Beschreibungsrahmen für die Entwicklung integrierter Anwendungs-systeme bereitzustellen" (Mielke 2002: 32 f.).

Bei dieser Beschreibungsform werden die einfache und die erweiterte Version un-terschieden. „Eine einfache EPK enthält die Grundelemente, die zur Darstellung des Prozessablaufes erforderlich sind: *Funktionen, Ereignisse,* [!] und *Verknüp-fungsoperatoren* (Regeln). Die erweiterte EPK (eEPK) entsteht durch Hinzufügen weiterer Modellelemente ..." (Stanierowski 2007: 37).

Die folgende Darstellung (siehe Abbildung 2) zeigt einen Ausschnitt aus einem eEPK bezogen auf das definierte Fallbeispiel.

Der Prozess startet mit dem Ereignis „Kunde möchte Filmvorstellung reservie-ren". Anschließend wird die erste Funktion „Ticket-Hotline anrufen" bearbeitet. Hierzu wird die Verantwortlichkeit „Kunde" ergänzt. Das Ereignis „Kunde mit Ticket-Hotline verbunden" zeigt den Erfolg der Funktion „Ticket-Hotline anru-fen". Im weiteren Verlauf wechseln sich Ereignisse und Funktionen stets ab und beschreiben die einzelnen Prozessschritte. Es können auch parallele und optionale Abläufe abgebildet werden. Hierfür stehen die Konnektoren „Und", „Oder" und „Exklusives Oder" zur Auswahl.

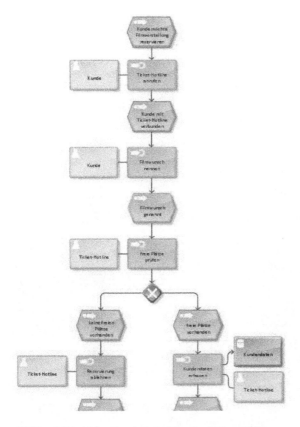

Abbildung 2: Beispiel einer flussorientierten Prozessbeschreibung (eEPK)

3.3 Objektorientiert

„*Objektorientierung* ist ein grundlegender Ansatz zur Systemmodellierung und -gestaltung, der heute in umfassendem Maße verwendet wird. Das wesentliche Prinzip besteht darin, dass bei der Modellierung bzw. der Systemarchitektur *Objekte* die Basiskonstrukte bilden. ... Objekte stellen eine Einheit dar, sind gegebenenfalls über Beziehungen verbunden und nach außen über Operationen bzw. entsprechendes Verhalten sichtbar. Das wesentliche Konzept der Objektorientierung ist die Zusammenfassung bezüglich Struktur und Verhalten gleichartiger Objekte bzw. entsprechender Abstraktionen des Anwendungsbereiches durch *Klassen*" (Fink et al. 2005: 129).

Die steigende Anzahl an objektorientierten Methoden wurde von der Object Management Group in den 90er Jahren in einen offiziellen Standard, der **Unified Modeling Language (UML)**, überführt. Dabei wurden die bestehenden Ansätze weiterentwickelt und zueinander in Relation gebracht. Die UML ist somit keine einzelne Methode, sondern ein Oberbegriff für eine Vielzahl an grafischen objektorientierten Methoden (vgl. Becker et al. 2009: 57 f.).

„Die Unified Modeling Language (UML) ist heute die verbreitetste Notation, um Softwaresysteme zu analysieren und zu entwerfen" (Rupp et al. 2007: 11).

Diese Modellierungssprache basiert im Schwerpunkt auf dem **Klassendiagramm**, da es die fundamentalen Modellierungskonstrukte der UML beinhaltet und die zentralen Symbole verwendet. Ein Klassendiagramm zeigt die Struktur des im Fokus stehenden Systems auf (vgl. Rupp et al. 2007: 101).

Da Klassendiagramme nur zeigen, wie Klassen und Objekte miteinander kommunizieren, aber nicht, was danach folgt, können sie für die Geschäftsprozessmodellierung nur bedingt verwendet werden (vgl. Becker et al. 2009: 62).

Jedoch gibt es weitere UML-Diagrammarten, z. B. das **Use-Case-Diagramm,** womit die objektorientierten Konzepte auch Eingang in die betriebliche Praxis finden (vgl. Gadatsch 2010: 71).

Das Use-Case-Diagramm kann „... zur Darstellung der relevanten Geschäftsprozesse und deren Beziehung zu den beteiligten Personen genutzt werden. ... Es soll u. a. dargestellt werden, welcher Akteur in welchem Prozess involviert ist und welche Prozesse andere Prozesse beinhalten" (Becker et al. 2009: 59 f.).

Zahlreiche Verwendung in der betrieblichen Praxis finden **Sequenzdiagramme,** da sie leicht verständlich sind und sehr gut für die grobe Skizzierung von Geschäftsprozessen geeignet sind (vgl. Becker et al. 2009: 63 ff.).

„Sequenzdiagramme zeigen den Informationsaustausch zwischen beliebigen Kommunikationspartnern innerhalb eines Systems oder zwischen Systemen generell. Sie ermöglichen die Modellierung von festen Reihenfolgen, zeitlichen und

logischen Ablaufbedingungen, Schleifen und Nebenläufigkeiten" (Rupp et al. 2007: 397).

So kann der Ablauf von Anwendungsfällen, die z. B. in einem Use-Case-Diagramm dargestellt sind, genauer beschrieben werden (vgl. Fischer et al. 2006: 74).

Am meisten werden zur Prozessbeschreibung mit UML sogenannte **Aktivitäts-diagramme** verwendet (vgl. Fischer et al. 2006: 75).

„Aktivitätsdiagramme enthalten ... immer einen Anfangs- und einen Endknoten, die Beginn und Ende des Prozesses darstellen. Zur Verdeutlichung der Parallelität ist es möglich, Verzweigungs- und Vereinigungsknoten einzusetzen. Diese zeigen die Aufspaltung bzw. Zusammenführung des Kontrollflusses an. Da bei Geschäftsprozessen auch immer wieder Fallunterscheidungen notwendig sind, sind entsprechende Fallunterscheidungsknoten ebenfalls vorhanden. Eine Besonderheit von Aktivitätsdiagrammen liegt nun darin, dass Verantwortlichkeitsbereiche durch Partitionen dargestellt werden, die auch Schwimmbahnen genannt werden. Dadurch ist es für den Nutzer des Modells leicht zu erkennen, welche Aktivität von welchem Bereich des Unternehmens ausgeführt wird" (Becker et al. 2009: 67 f.).

Laut Rupp sind Aktivitätsdiagramme das geeignetste UML-Notationsmittel, wenn es um die Modellierung von Prozessen geht (vgl. Rupp et al. 2007: 259).

Deshalb wird in dieser Hausarbeit stellvertretend für den objektorientierten Ansatz die Beschreibung des Fallbeispiels mithilfe dieser Diagrammart dargestellt (siehe Abbildung 3).

Das Diagramm zeigt, in welcher erforderlichen Reihenfolge die verschiedenen Aktivitäten, z. B. „Anruf entgegen nehmen" und „freie Plätze suchen", ablaufen. Der Startpunkt ist durch einen Punkt gekennzeichnet. Auch Optionen werden mit „Suche erfolgreich" und „Suche nicht erfolgreich" dargestellt.

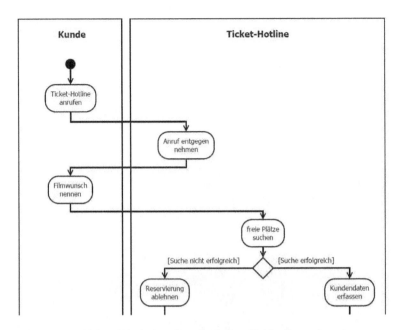

Abbildung 3: Beispiel einer objektorientierten Prozessbeschreibung (Aktivitätsdiagramm)

3.4 Subjektorientiert

Die Grundlage der subjektorientierten Beschreibungsform bildet der „Parallel Activities Specification Scheme" (PASS), wie ihn Fleischmann 1994 in „Distributed Systems" beschreibt. Mit PASS verwendet Fleischmann Bestandteile der Informatik, wie sie von Milner 1980 in „A Calculus of Communicating Systems" (Prozessalgebra zur Modellierung von parallelen Prozessen) und Hoare 1985 in „Communicating Sequential Processes" (formale Methode zur Beschreibung von parallelen Prozessen mit Synchronisation über Nachrichtenaustausch) dargestellt wird. Damit diese theoretischen Konzepte in der betrieblichen Praxis eingesetzt werden können, wurden sie von Fleischmann um eine grafische Notation und durch Ansätze der objektorientierten Beschreibungsform erweitert (vgl. Schmidt et al. 2009: 54).

„Im Mittelpunkt der Betrachtung stehen die Subjekte als an einem Prozess beteiligte Akteure. Dies können Menschen und Maschinen sein. Als Handelnde in Rollen lösen sie den Prozess aus und treiben ihn. Dabei erledigen sie ihre individuellen Teilaufgaben und kommunizieren untereinander, um ihr gemeinsames Han-

deln zur Erreichung des gewünschten Prozessergebnisses zu strukturieren und ab-zustimmen. In der Regel nutzen sie dazu geeignete Werkzeuge sowie Informations- und Geschäftsobjekte, auf die sie lesend und/oder schreibend zugreifen und die sie austauschen" (Schmidt et al. 2009: 54).

Somit erfasst ein subjektorientiertes Prozessmodell, „...welche Arbeitsschritte eines Geschäftsprozesses durch wen mit welchen Hilfsmitteln ausgeführt werden, welches Ergebnis dadurch erzeugt wird und für wen dieses bestimmt ist" (Fleischmann et al. 2011: 88).

Für die Modellierung des Prozesses wird von Schmidt folgendes **zweistufige Vorgehen** empfohlen (vgl. Schmidt et al. 2009: 54 ff.):

In einem ersten Schritt werden alle am Prozess beteiligten Subjekte und deren Interaktionen (Nachrichten senden/empfangen) bestimmt. Anschließend werden diese Erkenntnisse in einem **Subjektinteraktionsdiagramm (SID)** dargestellt.

In der folgenden Abbildung 4 ist ein solches Diagramm bezogen auf das Fallbeispiel modelliert.

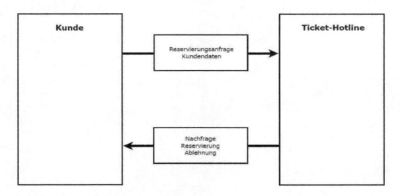

Abbildung 4: Beispiel einer subjektorientierten Prozessbeschreibung (Stufe 1: SID)

Das SID beschreibt, dass der Kunde bei der Ticket-Hotline eine Reservierungsanfrage startet und seine Kundendaten nennt. Die Ticket-Hotline führt die Nachfrage bzgl. der Kundendaten aus und teilt dem Kunden mit, ob eine Reservierung oder eine Ablehnung erfolgt.

In einem zweiten Schritt geht es um die Definition des Subjektverhaltens. Dabei wird jedes einzelne Subjekt detailliert betrachtet und dessen Verhalten explizit beschrieben, d. h. in welcher fest vorgegebenen Abfolge seine Tätigkeiten und Interaktionen zu erfolgen haben. In diesem Zusammenhang kann das Subjekt drei Zustände annehmen: Empfangs-, Sende- und Funktionszustand. Letzterer erlaubt die Ausführung aller erdenkbarer Aktionen. Weiterhin kann mithilfe von Zustandsverfeinerungen jeder Zustand ausführlicher beschrieben werden und eine Zuordnung von Ressourcen (z. B. Programme) und Geschäftsregeln erfolgen. Die Ergebnisse dieser zweiten Stufe der Modellierung werden in einem **Subjektverhaltensdiagramm (SVD)** festgehalten.

Aufbauend auf das SID der ersten Stufe ist in Abbildung 5 ein SVD auszugsweise modelliert – es beschreibt exemplarisch das Subjekt „Ticket-Hotline".

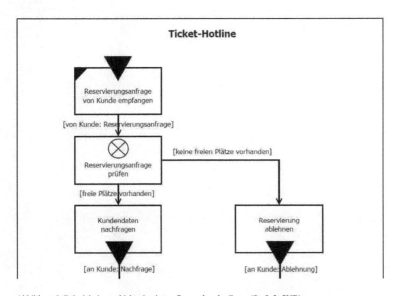

Abbildung 5: Beispiel einer subjektorientierten Prozessbeschreibung (Stufe 2: SVD)

Die „Ticket-Hotline" befindet sich zu Beginn im Empfangszustand und wartet auf den Eingang einer Reservierungsanfrage. Wenn diese eintrifft, beginnt die „Ticket-Hotline" in ihrem Funktionszustand mit einer Prüfung. Das Prüfergebnis wird anschließend im Sendezustand an den Kunden übermittelt.

4 Bewertung Beschreibungsformen

Nachdem im vorangegangenen Kapitel ausgewählte praxisrelevante Beschreibungsformen vorgestellt und erläutert wurden, wird nun der Frage nachgegangen, ob und wenn ja unter welchen Prämissen diese für eine Geschäftsprozessbeschreibung geeignet sind.

Zuerst werden Kriterien definiert, anhand derer im Anschluss die Qualität der in Kapitel 3 ausgeführten Beschreibungsformen bewertet wird. Danach werden die Ergebnisse in Übersichtstabellen zusammengefasst. Diese Darstellungen können in der betrieblichen Praxis dabei unterstützen, eine geeignete Variante zum Beschreiben von Geschäftsprozessen zu finden.

4.1 Kriterien

„Eine der wichtigsten Herausforderungen bei der Beschreibung von Geschäftsprozessen ist es, betriebliche Abläufe für alle Beteiligten nachvollziehbar und transparent zu machen" (Fischer et al. 2006: 63).

Weitere Aspekte, die bei der Auswahl einer Beschreibungsform eine wichtige Rolle spielen können, sind nach Rupp u. a. die Akzeptanz und das vorhandene Know-how der Projektbeteiligten bzw. die Bereitschaft die Methode zu erlernen, die Eindeutigkeit in der Darstellung und die Einfachheit bei der Erstellung und im Umgang damit (vgl. Rupp 2009: 240).

Die Bewertung der ausgewählten Beschreibungsformen dieser Hausarbeit erfolgt in Anlehnung an die von Fischer et al. im gleichen Kontext entworfenen Kriterien (vgl. Fischer et al. 2006: 63 f.):

- *Erlernbarkeit* (Kenntnisse von Sprache und fachlichem Problembereich) und *Verständlichkeit* (gemeinsame Beschreibungssprache der Beteiligten)
- *Genauigkeit* und *Korrektheit*, d. h. formale Notation und Präzision der Beschreibungssprache ohne Interpretationsspielraum
- *Statische* und *dynamische* Aspekte darstellbar
- *Komplexität* und *Abstraktion,* d. h. Überblick- und Detailsichten abbildbar und Abstufungen jeweils möglich

4.2 Beurteilung

Anhand der festgelegten Kriterien werden in den folgenden Ausführungen die in Kapitel 3 näher betrachteten Beschreibungsformen bewertet.

4.2.1 Textuell-informell

Erlernbarkeit und Verständlichkeit: Im Fallbeispiel dieser Hausarbeit (Reservierung einer Filmvorstellung) sind die deutsche Sprache und der Fachbereich „Kino" als Wissen vorausgesetzt. Es gibt keine großen Schwierigkeiten, den Prozess zu verstehen. In anderen Anwendungsbereichen kommt es jedoch häufiger bei Beteiligten zu Verständnisschwierigkeiten, „... da diese den fachlichen Problembereich nur unzureichend kennen" (Mielke 2002: 17).

Genauigkeit und Korrektheit: Nach Scheer besitzt diese Beschreibungsform „... Nachteile in ihrer fehlenden Eindeutigkeit, schwer nachvollziehenden Vollständigkeit des dargestellten Sachverhalts und etwaiger Widersprüche" (Scheer 1998: 1). Dies trifft auch überwiegend auf das fiktive Beispiel zu. Es liegt keine formale Notation vor. Außerdem kann die Beschreibung unterschiedlich verstanden werden. Eine Vollständigkeit ist nicht überprüfbar, wodurch auch eine objektive Korrektheit nicht nachgewiesen werden kann. Bei einer späteren Umsetzung in einer Software würde u. a. „... das Fehlen fester Regeln ..." (Mielke 2002: 17) zu Problemen führen.

Statische und dynamische Aspekte: Wie im Prozessbeispiel ersichtlich, lassen sich beide Aspekte beschreiben. Jedoch ist eine Struktur nur mit Mühe zu erkennen. Ein Gesamtüberblick über die dynamischen Aspekte ist nicht gegeben (vgl. Fischer et al. 2006: 66).

Komplexität und Abstraktion: Überblick- und Detailsichten sind nur ungenügend darstellbar. Abstufungen dazwischen sind nicht möglich.

In der Praxis wird diese Beschreibungsmethode trotz aufgezeigter Schwächen von Anwendern gerne verwendet (vgl. Stanierowski 2007a: 57).

4.2.2 Flussorientiert

Erlernbarkeit und Verständlichkeit: „Durch die übersichtliche Darstellung wird es allen Beteiligten ermöglicht, den Prozess auf einen Blick zu erfassen" (Füermann, Dammasch 2008: 40). Dies wird am Fallbeispiel dieser Hausarbeit gut ersichtlich. Besonders EPK sind „… sehr intuitiv und somit relativ einfach zu erlernen" (Rupp 2009: 194).

Genauigkeit und Korrektheit: Das Prozessbeispiel weist eine semi-formale Notation auf und zeigt, dass der Ablauf sehr detailliert abgebildet werden kann. Jedoch führt „die zwingende Darstellung der oft redundanten Abfolge von Ereignissen und Funktionen .. schnell zu sehr großen Diagrammen, ohne echten Mehrwert zu bringen" (Rupp 2009: 194). Eine automatisierte Prüfung der Syntax ist möglich, die Semantik muss manuell untersucht werden (vgl. Fischer et al. 2006: 72).

Statische und dynamische Aspekte: Anhand des Prozessbeispiels ist sichtbar, dass sich die dynamischen Aspekte der Geschäftsprozessbeschreibung größtenteils mit eEPK modellieren lassen. Viele andere Beschreibungsarten, z. B. der Funktionsbaum, ergänzen die Gesamtsicht durch Abbildung der statischen Aspekte (vgl. Fischer et al. 2006: 72). Eher weniger geeignet sind eEPK für die Darstellung von Prozessen, „… deren mögliche ‚Wege' nur unzureichend vorherbestimmbar sind" (Staud 2006: 243).

Komplexität und Abstraktion: Nach Rupp können komplexere Prozesse mit EPK einfach als eine Vielzahl von kleineren Prozessen skizziert und anschließend mit Prozesswegweisern verknüpft werden (vgl. Rupp 2009: 194). Das vorliegende Fallbeispiel ist nicht besonders umfangreich. Jedoch ist dies nur ein Ausschnitt. Bei der Betrachtung aller Geschäftsprozesse eines „Kinos" ist eine solche Verknüpfung durchaus sinnvoll.

Eine durchgeführte Umfrage zum Prozessmanagement hat ergeben, dass eEPK die Beschreibungsform ist, die am meisten verwendet wird (vgl. Gadatsch 2010: 71).

Dabei bietet sich der Einsatz der ARIS-Software von Scheer an, denn „gerade die konzeptionelle Durchgängigkeit … machen Konzept und Produkt für … den betrieblichen Einsatz interessant" (Seidlmeier 2010: 11).

4.2.3 Objektorientiert

Erlernbarkeit und Verständlichkeit: Die einfach gehaltenen Notationselemente
zeigen eine Vielzahl an Aspekten der abgebildeten Systeme und helfen beim Verständnis (vgl. Kecher 2006: 16). Besonders Aktivitätsdiagramme können in ihren
Grundzügen schnell erlernt werden und gehören zu den UML-Diagrammarten, die
leichter zu verstehen sind (vgl. Rupp 2009: 218). Dies verdeutlicht auch der Bei-
spielprozess, der sehr überschaubar ist. Wird hingegen die ganze Palette an Mo-
dellierungsmöglichkeiten genutzt, kann das Diagramm eventuell nicht mehr für
jeden Beteiligten sofort verständlich sein (vgl. Rupp 2009: 218).

Genauigkeit und Korrektheit: Die Notation ist genau in ihrer Semantik und ist von
vielen Experten festgelegt und geprüft, was zu einem geringen Interpretationsspielraum führt. Werden alle Möglichkeiten der UML ausgeschöpft, können wei-
testgehend alle wichtigen Details abgebildet werden (vgl. Kecher 2006: 16).

Statische und dynamische Aspekte: Es gibt im UML-Werkzeugkasten eine große
Anzahl an Struktur- und Verhaltensdiagrammen, um die relevanten Gegebenheiten darzustellen. Ein statisches Modell ist z. B. das bereits in dieser Arbeit er-
wähnte Klassendiagramm. Der eigentliche Prozessablauf wird jedoch mithilfe von
dynamischen Modellen aufgezeigt, zu denen auch das Aktivitätsdiagramm gehört,
welches für das Fallbeispiel ausgesucht wurde (vgl. Becker et al. 2009: 59).

Komplexität und Abstraktion: „Die verschiedenen Diagrammtypen der UML haben den Vorteil, dass jeder Typ seine spezifische Sicht auf den zu modellierenden
Prozess oder das System gibt" (Becker et al. 2009: 59). Somit ergibt sich eine
Vielzahl an unterschiedlichen Sichtweisen, die jeweils gewünschte Teilaspekte in
den Vordergrund stellen können (vgl. Kecher 2006: 16).

Die Objektorientierung ist heutzutage ein Modellierungsstandard. Bei der Verwendung ist jedoch zu beachten, dass die UML nicht die ganze Realität abbilden
kann, da Akteure nicht als Teil des Modells gelten, obwohl sie in einem Geschäftsprozess relevant sind (vgl. Fleischmann et al. 2011: 331 ff.).

Ungeachtet dessen sind Aktivitätsdiagramme „... eines der in der Praxis am häu-
figsten eingesetzten Diagramme" (Rupp 2009: 217).

4.2.4 Subjektorientiert

Erlernbarkeit und Verständlichkeit: Die subjektorientierte Beschreibung „... ist intuitiv: Sie reduziert den Lernaufwand zur Modellierung auf jene Anstrengungen, die mit dem Erwerb der Fähigkeit verbunden sind, Sätze in natürlicher Sprache ausdrücken zu können" (Fleischmann 2011: 338). Diese Einfachheit ist anhand des Prozessbeispiels erkennbar. Weiterhin kann das Subjektverhalten mit einer schlichten Notation dargestellt werden. Besonders zu betonen ist, dass ein Zusammenspiel aller beteiligten Subjekte abbildbar ist (vgl. Fischer et al. 2006: 84).

Genauigkeit und Korrektheit: Alle Bestandteile der Standardsatzsemantik, d. h. Subjekt, Prädikat und Objekt, sind mit der subjektorientierten Modellierung erfasst. Somit kann dieser Ansatz als komplett angesehen werden (vgl. Fleischmann 2011: 337 f.). Aufgrund einer festgelegten Syntax können solche Modelle programmgesteuert auf Einhaltung ihrer Regeln geprüft werden (vgl. Fischer et al. 2006: 84). Darüber hinaus ermöglicht die formal klare Semantik eine sofortige und automatische Programmgenerierung. Dieser erste Entwurf kann umgehend für ein Rollenspiel unter allen Beteiligten verwendet werden, um eine Überprüfung der fachlichen Korrektheit vorzunehmen (vgl. Schmidt et al. 2009: 56).

Statische und dynamische Aspekte: Beide Gesichtspunkte finden ihre Beachtung - im SID werden zuerst alle relevanten Subjekte bestimmt. Es beschreibt „... die statischen Anforderungen an das Kommunikationsverhalten der Subjekte" (Fischer et al. 2006: 85). Danach werden im SVD die Subjekte näher ausgeführt und die dynamischen Aspekte modelliert (vgl. Fischer et al. 2006: 85).

Komplexität und Abstraktion: Der subjektorientierte Ansatz „... verwendet die Abstraktionsmechanismen der Objektorientierung und Hierarchisierung. Dadurch kann die Komplexität ‚großer' Geschäftsprozesse beherrschbar gemacht werden" (Fischer et al. 2006: 85). Details des Subjektverhaltens können unter Verwendung von Erweiterungskonstrukten dargestellt werden (vgl. Fleischmann 2011: 86).

In der Praxis hat sich gezeigt, dass eine subjektorientierte Geschäftsprozessmodellierung von allen am Prozess Beteiligten sehr positiv aufgenommen wird (vgl. Fischer et al. 2006: 85). Martin Heckmeier, Geschäftsführer des Unternehmens „finanz informatik technologie service", bringt die Ergebnisse der Umsetzung des

komplexesten und schwierigsten Prozesses in seinem Unternehmen mithilfe des subjektorientierten Ansatzes folgendermaßen auf den Punkt: „Die Projektziele wurden zur vollen Zufriedenheit umgesetzt" (Heckmeier 2011: 153).

4.3 Zusammenfassung

Auf Basis der vorangegangenen Bewertung anhand der definierten Kriterien ist festzuhalten, dass es in der betrieblichen Praxis mehrere Beschreibungsformen gibt, die sich bewährt haben und ihre Berechtigung besitzen. Um die jeweiligen Prozessbeschreibungen vergleichen zu können, werden die Ergebnisse der Bewertung in den folgenden zwei Tabellen zusammengefasst.

Dabei bildet die Tabelle 1 die Beurteilung der einzelnen in dieser Hausarbeit ausgewählten Vertreter der jeweiligen Beschreibungsform ab.

Tabelle 1: Bewertungsmatrix der ausgewählten Vertreter der Beschreibungsformen

Kriterien / ausgewählte Vertreter	Erlernbarkeit und Verständlichkeit	Genauigkeit und Korrektheit	Statische und dynamische Aspekte	Komplexität und Abstraktion
Arbeitsanweisung (textuell-informell, siehe Abbildung 1)	o	--	-	--
eEPK (flussorientiert, siehe Abbildung 2)	+	+	+	+
Aktivitätsdiagramm (objektorientiert, siehe Abbildung 3)	++	+	+	+
SID und SVD (subjektorientiert, siehe Abbildungen 4 und 5)	++	++	++	+

Legende: ++ sehr gut geeignet + gut geeignet o neutral - weniger gut geeignet -- schlecht geeignet

In der zweiten Darstellung (siehe Tabelle 2) wird jeweils die gesamte Beschreibungsform (mit allen ihren unterschiedlichen Varianten) in den Blick genommen. Diese Bewertung basiert auf den umfangreichen Praxiserfahrungen der Autoren von „Geschäftsprozesse realisieren" (vgl. Fischer et al. 2006: 86).

Tabelle 2: Bewertungsmatrix der Beschreibungsformen generell

Beschreibungsformen \ Kriterien	Erlernbarkeit und Verständlichkeit	Genauigkeit und Korrektheit	Statische und dynamische Aspekte	Komplexität und Abstraktion
textuell-informell	o	--	--	--
flussorientiert	++	+	+	+
objektorientiert	+	+	+	++
subjektorientiert	+	++	++	+

Legende: ++ sehr gut geeignet + gut geeignet o neutral - weniger gut geeignet -- schlecht geeignet

Quelle: Eigene Darstellung in Anlehnung an Fischer et al. 2006: 86.

Die Verwendung dieser beiden Übersichten in der betrieblichen Praxis darf jedoch kein Ersatz für eigene intensive Überlegungen sein, denn jedes Vorhaben hat normalerweise individuelle Besonderheiten, die unbedingt mit berücksichtigt werden müssen und somit die vorgenommene Beurteilung beeinflussen können (vgl. Rupp 2009: 204).

5   Fazit

Bei der Wahl einer geeigneten Variante zur Geschäftsprozessmodellierung können die in dieser Hausarbeit erarbeiteten Erkenntnisse als eine Art Entscheidungsgrundlage dienen. Es wird eine Vielzahl an potentiellen Beschreibungsformen
aufgezeigt, die alle aufgrund ihrer individuellen Vorzüge berechtigterweise Eingang in die Praxis gefunden haben.

Die Frage nach der passenden Beschreibungsform für den konkreten Geschäftsprozess im betrieblichen Alltag, muss jedoch zu Beginn jeden Vorhabens immer
wieder neu gestellt werden, um jeweils das größte Potential ausschöpfen und damit dem optimalen Geschäftsprozess am nächsten kommen zu können.

Im Hinblick auf mögliche zukünftige Entwicklungen bei den Prozessbeschreibungen im Rahmen des Geschäftsprozessmanagements, ist u. a. die Tendenz zu erkennen, dass die Subjektorientierung in den kommenden Jahren immer stärker in
den Fokus rücken und an Bedeutung gewinnen wird.

Die ersten Anzeichen einer solchen Entwicklung sind sichtbar, z. B. haben be-
kannte und große Unternehmen wie Audi mit diesem subjektorientierten Ansatz
schon Erfolge verbuchen können (vgl. Kindermann 2011: 23).

Ein weiterer Hinweis findet sich in dem von Gartner Inc., ein weltweit agierendes
Analystenhaus, publizierten „Hype Cycle for Business Process Management
2011“. Darin werden neue Technologien, IT-Methoden und Management-
Disziplinen aufgezeigt. Dabei gehen die Analysten u. a. auf das „Subject-oriented
business process management (S-BPM)“ (Dixon, Jones 2011: 15) ein: „S-BPM
represents an approach to process modeling, definition and execution that stands
in stark contrast to the more common modes of BPM ... S-BPM′s aim is to in-
crease the power of the process model while reducing the complexity of model
construction ...“ (Dixon, Jones 2011: 16).

Für den möglichen Durchbruch von S-BPM prognostizieren die Analysten von
Gartner einen Zeithorizont von „more than 10 years“ (Dixon, Jones 2011: 16).

Literaturverzeichnis

Becker, J. et al. (2009): Geschäftsprozessmanagement. Berlin: Springer.

Dixon J.; Jones T. (2011): Hype Cycle for Business Process Management. 2011 (Research Note G00214214). Stamford: Gartner Inc.

Färbinger, P. M. (2011): Innovation und Paradigmenwechsel. In: E-3 14/6: 3.

Fink, A. et al. (2005): Grundlagen der Wirtschaftsinformatik. 2., überarb. Aufl. Heidelberg: Physica-Verl.

Fischer, H. et al. (2006): Geschäftsprozesse realisieren. Ein praxisorientierter Leitfaden von der Strategie bis zur Implementierung. Wiesbaden: Vieweg.

Fleischmann, A. et al. (2011): Subjektorientiertes Prozessmanagement. Mitarbeiter einbinden, Motivation und Prozessakzeptanz steigern. München: Hanser.

Füermann, T.; Dammasch, C. (2008): Prozessmanagement. Anleitung zur ständigen Prozessverbesserung. 3. Aufl. München: Hanser.

Gadatsch, A. (2010): Grundkurs Geschäftsprozess-Management. Methoden und Werkzeuge für die IT-Praxis: Eine Einführung für Studenten und Praktiker. 6., aktual. Aufl. Wiesbaden: Vieweg.

Hammer, M.; Champy, J. (1998): Business Reengineering. Die Radikalkur für das Unternehmen. München: Heyne.

Heckmeier, M. (2011): Optimierte Prozesse im Rechenzentrum mit gelebtem Business Process Management. In: Komus, A. (Hg.): BPM Best Practice. Wie führende Unternehmen ihre Geschäftsprozesse managen. Berlin: Springer: 143 – 153.

Kecher, C. (2006): UML 2.0. Das umfassende Handbuch. 2., aktual. u. erw. Aufl. Bonn: Galileo Press.

Kindermann, H. (2011): Aufbruchstimmung bei S-BPM. In: E-3 14/11: 23.

Mielke, C. (2002): Geschäftsprozesse. UML-Modellierung und Anwendungs-Generierung. Heidelberg: Spektrum Akad. Verl.

Rupp, C. (2009): Requirements-Engineering und -Management. Professionelle, iterative Anforderungsanalyse für die Praxis. 5., aktual. u. erw. Aufl. München: Hanser.

Rupp, C. et al. (2007): UML 2 glasklar. Praxiswissen für die UML-Modellierung. 3., aktual. Aufl. München: Hanser.

Scheer, A.-W. (1998): ARIS. Vom Geschäftsprozeß zum Anwendungssystem. 3., völlig neubearb. u. erw. Aufl. Berlin: Springer.

Schmidt, W. et al. (2009): Subjektorientiertes Geschäftsprozessmanagement. In: HMD - Praxis der Wirtschaftsinformatik 46/266: 52 – 62.

Seidlmeier, H. (2010): Prozessmodellierung mit ARIS. Eine beispielorientierte Einführung für Studium und Praxis. 3., aktual. Aufl. Wiesbaden: Vieweg.

Stanierowski, M. (2007): Wirtschaftsinformatik. Studienbrief 5.02: Geschäftsprozessmodellierung. Studienbrief der Hamburger Fern-Hochschule.

Stanierowski, M. (2007a): Wirtschaftsinformatik. Studienbrief 5.03: Requirements Engineering und Management. Studienbrief der Hamburger Fern-Hochschule.

Staud, J. L. (2006): Geschäftsprozessanalyse. Ereignisgesteuerte Prozessketten und objektorientierte Geschäftsprozessmodellierung für Betriebswirtschaftliche Standardsoftware. 3. Aufl. Berlin: Springer.

Vossen G.; Becker, J. (1996): Geschäftsprozeßmodellierung und Workflow-Management: Eine Einführung. In: Vossen, G.; Becker, J. (Hg.): Geschäftsprozessmodellierung und Workflow-Management. Modelle, Methoden, Werkzeuge. Bonn: Internat. Thomson Publ.: 17 – 26.